LUGARES EXTREMOS DE LA TIERRA

LOS LUGARES MÁS ALTOS DE LA TIERRA

POR MARY GRIFFIN

Please visit our website, www.garethstevens.com. For a free color catalog of all our high-quality books, call toll free 1-800-542-2595 or fax 1-877-542-2596.

Library of Congress Cataloging-in-Publication Data

Griffin, Mary, 1978- author.
Los lugares más altos de la Tierra / Mary Griffin, translated by Esther Sarfatti.
pages cm. — (Lugares extremos de la Tierra)
Includes index.
ISBN 978-1-4824-2420-1 (pbk.)
ISBN 978-1-4824-2421-8 (6 pack)
ISBN 978-1-4824-1917-7 (library binding)
1. Physical geography—Juvenile literature. 2. Altitudes—Juvenile literature. 3. Extreme environments—Juvenile literature. I. Title.
GB58.G75 2015
910'.02143—dc23

First Edition

Published in 2015 by
Gareth Stevens Publishing
111 East 14th Street, Suite 349
New York, NY 10003

Designer: Katelyn E. Reynolds
Editor: Therese Shea

Photo credits: Cover, p. 1 Papa Lima Whiskey 2/Wikipedia.com; cover, pp. 1–24 (background texture) Adisa/Shutterstock.com; p. 5 (inset) Paula Bronstein/Getty Images; p. 5 (map) Sven Manguard/Wikipedia.com; p. 7 © iStockphoto.com/JoyfulThailand; pp. 9, 11 (map) Stannered/Wikipedia.com; p. 9 (main) Johnny Haglund/Lonely Planet Images/Getty Images; p. 11 (main) Dr. Morley Read/Shutterstock.com; p. 12 Alexey Kamenskiy/Shutterstock.com; p. 13 (map) NordNordWest/Wikipedia.com; p. 13 (main) Karin Wassmer/Shutterstock.com; p. 15 (inset diagram) Dorling Kindersley/Thinkstock.com; p. 15 (main) pcruciatti/Shutterstock.com; p. 17 (map) Haha169/Wikipedia.com; p. 17 (main) Irina Schmidt/Shutterstock.com; p. 18 robert paul van beets/Shutterstock.com; p. 19 Steve Heap/Shutterstock.com; p. 21 (mountain illustrations) Kozoriz Yuriy/Shutterstock.com; p. 21 (building illustrations) Dan/FreeVector.com; p. 21 (photo) Sean Pavone/Shutterstock.com.

Printed in the United States of America

CPSIA compliance information: Batch #CW15GS: For further information contact Gareth Stevens, New York, New York at 1-800-542-2595.

CONTENIDO

Las palabras del glosario aparecen en **negrita** la primera vez que se usan en el texto.

El monte Everest es famoso por su altura. Es la montaña más alta del mundo, con una altura de 29,035 pies (8,850 m) sobre el nivel del mar. El monte Everest está situado entre Nepal y el Tíbet, en Asia. Forma parte del Himalaya, una cordillera con muchos **picos** altos.

El monte Everest es tan alto que aunque muchos montañeros lo intentaron, no llegaron a la cima hasta 1953. Aquel año, Edmund Hillary y Tenzing Norgay fueron los primeros en conseguirlo. Para llegar, tuvieron que enfrentarse a precipicios, hielo resbaladizo, peligrosas rocas, y soportar poderosos vientos y temperaturas gélidas.

¡VERDADERAMENTE EXTREMO!

El Himalaya contiene más de 110 montañas con una altitud superior a los 24,000 pies (7,315 m).

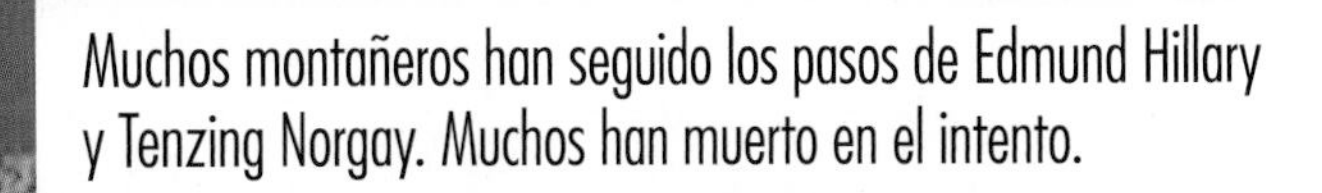
Muchos montañeros han seguido los pasos de Edmund Hillary y Tenzing Norgay. Muchos han muerto en el intento.

HIMALAYA

TÍBET

NEPAL

EL MONTE EVEREST

Otro peligro de subir a la cima del monte Everest, y de otros picos altos, es que cuanto más alto se sube en la **atmósfera** de la Tierra hay menos **oxígeno**. Hay aproximadamente una tercera parte menos del oxígeno que respiramos al nivel del mar.

Los niveles bajos de oxígeno pueden causar mareos y cosas peores. El mal de **altura** puede causar inflamación del cerebro, desmayos y otros síntomas. La mayoría de los montañeros utiliza oxígeno embotellado y máscaras para poder respirar más fácilmente y evitar el mal de altura. Deben estar en plena forma para evitar accidentes, por lo que llevar oxígeno adicional es buena idea.

¡VERDADERAMENTE EXTREMO!

Bajar de la montaña puede ayudar a los afectados de mal de altura, pero esta condición puede resultar mortal si el montañero no es socorrido o evacuado a tiempo.

El cuerpo necesita cierta cantidad de oxígeno en el aire para funcionar bien.

LA CIUDAD MÁS ALTA

Hay gente que vive en lugares muy altos. La revista *National Geographic* reconoce que la ciudad más alta es La Rinconada en Perú, que se encuentra a 16,732 pies (5,100 m) sobre el nivel del mar. La vida allí es dura. Las temperaturas a esa altura son muy bajas. No hay agua corriente ni un sistema para deshacerse de la basura.

Más de 30,000 personas viven en esa ciudad y trabajan en las minas de oro cercanas. A veces, como paga adicional, a los mineros se les permite quedarse con el oro que encuentran por su cuenta.

¡VERDADERAMENTE EXTREMO!

La ciudad más alta de Estados Unidos es Alma, Colorado, con una altitud de unos 10,578 pies (3,224 m).

Los habitantes de La Rinconada son muy pobres, y viven bajo condiciones muy duras. Confían en poder ganar suficiente dinero para mantener a sus familias.

EL MONTE CHIMBORAZO

El monte Everest es la montaña más alta desde el nivel del mar hasta su pico. No obstante, no es el punto más elevado de la Tierra. ¿Cómo puede ser eso cierto?

La Tierra no es una **esfera** perfecta. Su forma es parecida a la de una pelota achatada. Eso significa que algunas partes son más **protuberantes** que otras. El monte Chimborazo, en Ecuador, es una montaña que está situada en la parte más alta de una de esas protuberancias. Se piensa que es el punto más alto de la Tierra. Si se mide desde el centro de la Tierra, el monte Chimborazo es más alto que el Everest por unas 1.5 millas (2.4 km).

El monte Chimborazo está ubicado en la cordillera de los Andes. Tiene una altura de 20,702 pies (6,310 m).

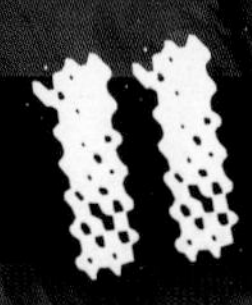

EL MAUNA KEA

Hay otra montaña más alta que el monte Everest. Se llama Mauna Kea y está en Hawai. Tiene una altura de 33,484 pies (10,206 m) desde su base hasta el pico. No se considera la montaña más alta de la Tierra porque su base está por debajo del nivel del mar. La gente solo puede ver unos 13,796 pies (4,205 m) de la montaña por encima del océano.

En el pico de esta montaña se encuentra el **observatorio** Mauna Kea. Algunos de los mejores telescopios del mundo se encuentran allí porque las condiciones para ver el espacio desde la cima de la montaña son muy buenas.

La mayor parte del tiempo, los cielos sobre el Mauna Kea están despejados. Cuando hay nubes, el pico normalmente las sobrepasa.

¿CÓMO SE FORMAN LAS MONTAÑAS?

Muchas montañas se forman cuando las piezas que constituyen la corteza de la Tierra, llamadas placas tectónicas, se empujan unas a otras. Esta fuerza hace que la materia de la que están hechas las placas se doble, empujándolas hacia arriba para crear cordilleras como el Himalaya. Este proceso se desarrolla a lo largo de millones de años y todavía sigue desarrollándose.

Otras montañas se forman cuando el **magma** caliente que está debajo de la superficie de la Tierra hace **erupción**. Esto es un volcán. La **lava**, ceniza y piedra se enfrían y pueden apilarse, formando una montaña. Tanto el Mauna Kea como el monte Chimborazo son volcanes.

¡VERDADERAMENTE EXTREMO!

Cuando dos placas terrestres se desplazan bruscamente, ocurre un terremoto.

A veces es fácil ver en qué lugar dos placas terrestres chocan entre ellas.

FORMACIÓN TECTÓNICA

FORMACIÓN VOLCÁNICA

Las montañas no son los únicos lugares altos de la Tierra. La gente también fabrica **construcciones** muy altas. Aunque ninguna es tan alta como las montañas de este libro, siguen siendo sumamente altas. El edificio más alto del mundo se llama Burj Khalifa, que significa "Torre Khalifa". Se encuentra en Dubai, en los Emiratos Árabes Unidos.

Los contratistas mantuvieron en secreto la altura planeada del edificio mientras duró la construcción. Cuando se completó en 2010, el Burj Khalifa medía 2,717 pies (828 m) de alto. Tiene 162 plantas y se utiliza para negocios y apartamentos.

¡VERDADERAMENTE EXTREMO!

El Burj Khalifa superó fácilmente al que hasta entonces había sido el edificio el más alto, el Taipei 101 (Centro Financiero de Taipei), en Taiwán. Este último tiene una altura de 1,667 pies (508 m).

La gente puede salir a un mirador en la planta 124 del Burj Khalifa.

ONE WORLD TRADE CENTER

Cuando se acabó de construir One World Trade Center en la ciudad de Nueva York en 2013, este se convirtió en el edificio más alto del **hemisferio** occidental. Se eleva 1,776 pies (541 m) sobre el suelo. Los paneles de cristal y acero están diseñados para reflejar el color del cielo y las luces de la ciudad que lo rodean.

One World Trade Center está construido en el lugar que ocupaba el antiguo World Trade Center. Las torres gemelas del World Trade Center fueron atacadas y destruidas por **terroristas** el 11 de septiembre de 2001. El nuevo edificio representa la esperanza por un futuro pacífico.

El nuevo One World Trade Center incluye un monumento que recuerda a las personas que perdieron la vida en el ataque terrorista.

SIEMPRE MÁS ALTO

Existen otros edificios muy altos en Estados Unidos y alrededor del mundo. Sin embargo, muchas de las construcciones más altas hechas por el hombre son torres que se construyen para enviar señales de televisión y radio. Siempre tratamos de hacer construcciones más fuertes y más altas.

En 2014, se anunció que un edificio llamado Kingdom Tower se construiría en Arabia Saudita. El plan es que tenga una altura increíble de 3,280 pies (1 km) de altura. ¿Conseguirán construír el edificio más alto del mundo?

¡VERDADERAMENTE EXTREMO!

Para construir Kingdom Tower, se necesitarán unos 5.7 millones de pies cuadrados (530,000 m2) de hormigón y 80,000 toneladas de acero.

¿CUÁN ALTO?

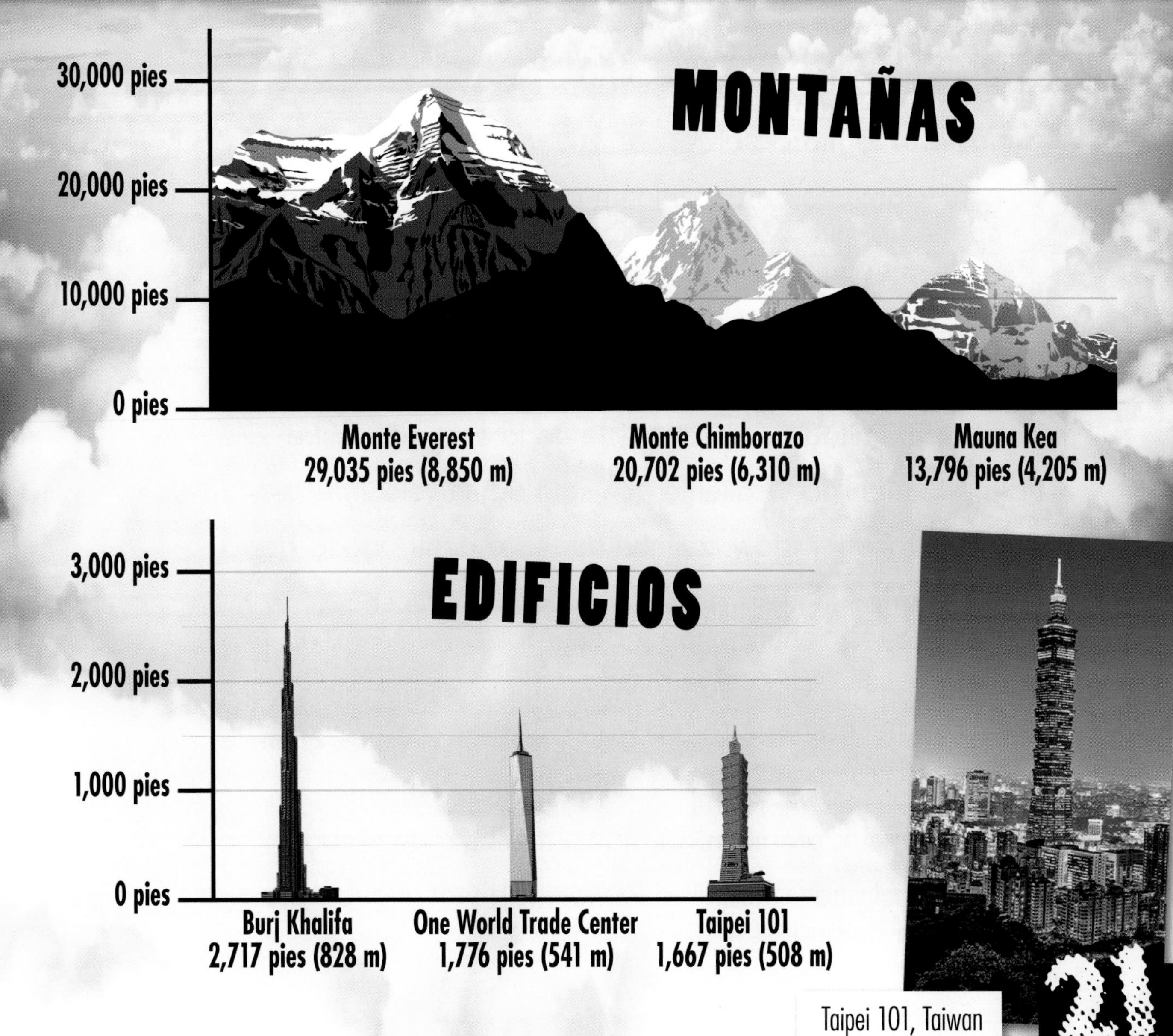

Taipei 101, Taiwan

altura: distancia vertical de un punto de la tierra respecto al nivel del mar

atmósfera: la mezcla de gases que rodea un planeta

construcción: una obra, como un puente o un edificio, que se compone de muchas partes diferentes

erupción: salida, a veces repentina y violenta, de materia de la corteza terrestre

esfera: un objeto con forma de pelota

hemisferio: mitad de la superficie de la esfera terrestre

lava: roca líquida y caliente que sale de un volcán

magma: roca líquida y caliente que está dentro de la Tierra

observatorio: un lugar desde donde se conducen observaciones científicas de los cuerpos celestes

oxígeno: un gas sin color ni olor que muchos animales, y los humanos, necesitan para respirar

pico: la parte superior puntiaguda de una montaña

protuberancia: prominencia más o menos redondeada

terrorista: alguien que utiliza la violencia y el miedo para desafiar la autoridad

PARA MÁS INFORMACIÓN

LIBROS

Dickmann, Nancy. *Mount Everest.* Chicago, IL: Raintree, 2012.

Gilpin, Daniel. *Record-Breaking Buildings.* New York, NY: PowerKids Press, 2012.

Rustad, Martha E.H. *The Highest Places on Earth.* Mankato, MN: Capstone Press, 2010.

DIRECCIONES WEB

Registros de ciencias de la tierra
geology.com/records/
Conoce otros hechos extremos en esta página.

Cómo se forman las montañas
www.universetoday.com/29833/how-mountains-are-formed/
Lee más acerca de cómo se forman las montañas.

Nota del editor a los educadores y padres: nuestros empleados han revisado cuidadosamente estos sitios web para asegurarse de que son apropiados para los estudiantes. Muchos sitios web cambian con frecuencia, por lo que no podemos garantizar que los futuros contenidos de un sitio continúen cumpliendo con nuestros altos estándares de calidad y valor educativo. Tengan en cuenta que se debe supervisar cuidadosamente a los estudiantes siempre que tengan acceso al Internet.

ÍNDICE

24